Armes Latein

Stilblüten
aus
Lateinschulaufgaben

mit Illustrationen von
Wiltrud Baier

gesammelt und herausgegeben
von
Rudolf Spann

Rudolf Spann Verlag

4. Auflage 2006
unveränderter Nachdruck
der 3. Auflage 1995

82211 Herrsching am Ammersee

Druck: Wendler-Druck, Raisting

ISBN 3-929280-07-8

Vorwort

Wer lachen will über die „Meisterübersetzungen"
anderer und die Illustrationen,
sich erinnern will an eigene „Glanzleistungen"
im Lateinunterricht,
lernen will aus den Fehlern, die andere gemacht haben,
für den ist dieses Büchlein gedacht.

Wer kopiert aus diesem Buch,
anstatt ehrlich es zu kaufen,
für den gilt ein gräßlich' Fluch:
Im Hades soll er Tinte saufen!

„Schwarze Tinte! Welch ein Graus! -
Ich kauf' das Buch und trag's nach
Haus."

Inhalt

Erstes bis viertes Lateinjahr

Erstes Lateinjahr

1 (Aeneas) per maria ingentia erravit, saepe siti terribili et fame acri vexatus est:

Durch die anständige Maria ist oft der schreckliche und riesige Durst vertrieben worden.

2 *Äneas steigt in die Unterwelt hinab:*

..., ut ibi patrem mortuum videret:

..., damit er dort das Vaterland sterben sehe.

3 In portu navigas:

Du schwimmst in der Tür.

4 Nonnullis feminis gemmae sunt:

Manche Frauen sind Edelsteine.

5 Istam mulierem in horto meo vidi:

Ich habe meine Gattin Ista im Garten gesehen.

6 Mercurius etiam deus mercatorum est:

Auch der Gott Merkur ist ein Kaufmann.

7 *An Odysseus gerichtet:*

Teneto cursum navis procul ab insula Sirenum:

Du sollst den Segelkurs weit weg von der Insel der Sirenen halten.

8 metu horum: *durch die Angst vor den Stunden*

Zweites Lateinjahr

9 Mulier discessit: *Die Frau ging auseinander.*

10 mater curis commota:
die von der Kur erschöpfte Mutter

11 Si ventrem nimiis cibis refercis, mentem fatigas:
Wenn du deinen Bauch mit zu großen Speisen vollstopfst, bist du einen Monat satt.

12 Apparet te cani saevienti similem esse:
Geöffnet sind dir wütende Hunde ähnlich.

13 Artifex imagines exponet:
Der Künstler stellt die Jungfrau aus.

14 Si feliciter pugnaverimus, dis taurum quoque mactabimus, ut sacerdos nobis suasit:
Wenn wir erfolgreich gekämpft haben, werden wir auch den Göttern einen Stier schlachten, damit wir uns ein Grab sichern.

15 ... legem divinam ... : *... das geteilte Bein ...*

16 Mater ante ducentos vel sescentos annos infantes monebat, ut ...:
Eine Mutter ermahnte ihre 200 oder 600 Jahre alten Kleinkinder, daß ...

17 Ille tacens oculos manibus operuit:
Jener machte schweigend mit den Händen seine Augen auf.

18 Hostes bellum component: *Die Feinde setzen den Krieg bei.*

19 Profecto Diogenem lucernam tenentem meridie cernebant:
a) In der Tat sahen sie den an der Laterne hängenden Diogenes am Mittag.
b) In der Tat sahen sie Diogenes, wie er mittags an einer Laterne hielt.

20 *Aus: Androklus und der Löwe*

Androclus servus in amphitheatro leonem ferocem exspectabat:

Der Sklave Androklus erwartete im Amphitheater einen spitzen Löwen.

21 Is leo Romam transportatus est, ut hominibus sceleratis mortem pararet:

Dieser Löwe wurde nach Rom gebracht, um verbrecherische Menschen auf den Tod vorzubereiten.

22 *Aus der Ödipussage:*

Oedipus puer peregrinus Corinthum pervenit, cum parentes eum domo removissent:

Ödipus ist als fremder Junge nach Korinth gekommen, weil die Eltern ihn als Geschenk entfernt hatten.

23 Statim senex magna voce iussit: ...

Auf der Stelle gab der alte Mann große Laute von sich ...

24 ... senex verberibus duris adulescentis periit:

... der alte Mann ging in den harten Worten des jungen Mannes unter.

25 Hoc modo Oedipus nesciens patrem suum necavit:

Auf diese Weise tötete Ödipus unwissend seine Heimat.

26 *Der Ring des Polykrates:*

At brevi coqui tyranni e ventre piscis capti eundem anulum prompserunt:

a) Doch die Köche des kurzen Alleinherrschers haben im Bauch des gefangenen Fisches jenen Ring verbraucht.

b) Da fing ein kurzer Koch des Tyrannen aus dem Wind einen Fisch, der den gewissen Ring geschluckt hatte.

27 *Zeus bestraft Prometheus:* Paulo post Prometheum saxo montis Caucasi affixit, quod hominibus ignem praebens legem divinam laeserat: *Bald darauf hat er Prometheus mit einem Felsbrocken des Kaukasusberges zu Boden geschlagen, weil er sich an dem für die Menschen gehaltenen Feuer seinen göttlichen Fuß verletzt hatte.*

Drittes Lateinjahr

28 Iesus Bethlehem natus est: *Jesus schwamm nach Bethlehem.*

29 *„Er stand auf seines Daches Zinnen ...“*

Neminem fallit fortunam Polycrati praeter ceteros favisse. Id consentimus Sami eum divitissimum fuisse. Tyrannus ipse fortunam suam nimiam iudicans invidiam deorum horrebat. Ob eam causam anulum pretiosum in mare iniecit et Neptuno deo supplicavit, ut donum benigne acciperet. Sed Neptunus id donum magis indignatus quam laetatus est. Intra paucos dies Polycrati anulum per piscatorem quendam reddidit. Qui in ventre piscis, quem tyranno dare volebat, anulum illum reppererat. Tum Polycrates questus est: „Me miserum! Hostes mihi non parcent, quod dei re vera me oderunt”.

Aus einzelnen originalen Stilblüten zusammengesetzt:
Keinem sagt das Glück des Polykrates zu, der an den übrigen vorbeigemacht hat. Wir in Samos haben ihn am reichsten vertrieben. Derselbe Polykrates, der von seinem Glück niemals verurteilt worden ist, entsetzte die Mißgunst der Götter. Weil das der Grund war, stürzte er seinen Reichtum an Anulus ins Meer (oder: Deshalb fuhr er mit einem preiswerten Segel aufs Meer) und schwor beim Gott Neptun, daß er nach Hause ihn wohltätig empfing. Aber Neptun beneidete ihn zu sehr, als er gestoßen worden ist. In den vorsichtigen Tagen des Polykrates bekam er seine Anulus durch die Fische wieder zurück. Der in den Bauch des Fisches rollte (oder: Wer im Frühling fischt), welchen er dem Tyrannen geben wollte, kehrte mit jenem Segel zurück. Dann sprach er zu Polykrates: „Mir Schlechter! Die Feinde sind nicht gepaart, weil sie die Wirklichkeit und mich hassen”.

30 Olim usu venit ... : *Er gebrauchte das Öl ...*

31 Multi poetae mortui clari facti sunt:
Viele Dichter sind klar gestorben.

32 Postremus pater evigilavit:
Der letzte hat als Vater gewacht.

33 *Der Zug der Zehntausend unter Xenophon:*
Agmen novissimum me duce per montes Armeniae nive cadente vix processit:
Die Nachhut versorgte mich kaum, da der Führer durch die Berge Armeniens in den Schnee fiel.

34 ... nive cadente ... : ... *weil der Schnee so kalt war ...*

35 *Scipio Africanus, der Bestechlichkeit angeklagt, wendet sich an das Volk:*
Relinquamus hunc nebulonem gratisque agamus dis immortalibus!
Wir kriegen von den unsterblichen Göttern die übriggebliebenen Windbeutel gratis.

36 *Vor der Abfahrt nach Troja:*
Ventum secundum exspectabant: *Sie warteten auf den zweiten Frühling.*

37 Rex autem iure iurando confirmavit ...:
Der König aber stärkte sich mit einem Eid.

38 Hercules cum adolevisset, multos annos servitutis passus est:
Als Herakles herangewachsen war, war er viele Jahre in der Sklaverei zugelassen.

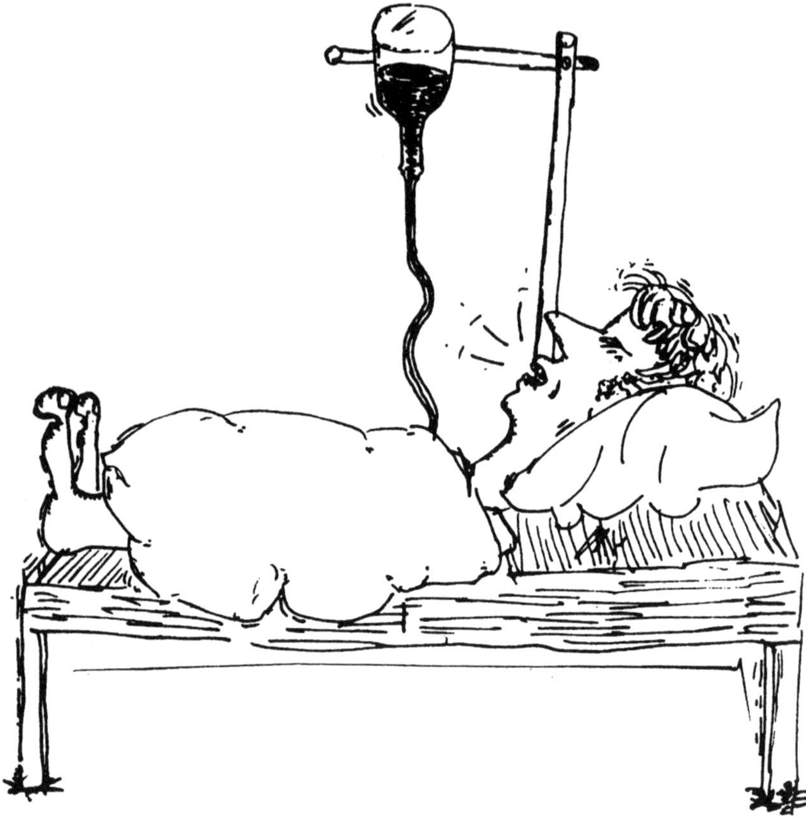

39 *Über Caligula:*

... ; etiam seiungere se ab aliis sub lectumque condere solebat:

... ; vor allem pflegte er Blut über seinem Bett zu verwahren.

(von Johannes Rößler, dem Autor dieser Stilblüte, selbst illustriert)

40 *Europa:*

Eo tempore Europa, filia regis, gregem patris absentis custodiebat:
Von diesem Zeitpunkt an wurde Europa, die Tochter des Königs, von der Herde des abwesenden Vaters bewacht.

41 Cum autem Europa fortitudine commota in tergum tauri benigni saluisset, ille subito surrexit et ...:
Als aber Europa, von Mut bewegt, den Stier auf dem Rücken gütig begrüßte, erhob sich jener plötzlich und ...

42 ... et ad mare propinquum festinavit:
... und hielt sie bis zum nahen Meer fest.

Viertes Lateinjahr

43 *Aus der Geschichte vom Magen und den Gliedern:*
Omnes corporis partes ventri ministerium negarent:
Alle Körperteile sollten den Magen als Minister verweigern!

44 Hoc consilio inito neque manus cibum ad os ferebant neque os cibum datum accipiebat:
Nachdem dieser Entschluß gefaßt war, brachten weder die Hände die Nahrung zum Knochen noch nahm der Knochen die Speise an, die ihm gegeben wurde.

45 Alexander cum vestem Persicam induit, iram Macedonum excitavit:
Weil Alexander die persische Festung stürmte, erregte er die Wut der Mazedonier.

46 Siciliam a Romanis defecisse constat:
Bekanntlich hatte Sizilien Mangel an Römern.

47 Duos equites Romanos misit Catilina ad Ciceronem occidendum:
Catilina schickte zwei römische Pferde, um Cicero zu töten.

Lektüreschulaufgaben

Joachimi Henrici Campi
Robinson Secundus

48 Mercurialis truncum igne exurere coepit:
Mercurialis begann, über dem Feuer einen Trunk zu brauen.

Phaedrus

49 (I,25) Canes currentes bibere in Nilo flumine, a crocodilis ne rapiantur, traditum est:
Hunde schleppten einen Wagen, um im Fluß Nil zu trinken, damit er nicht von den Krokodilen geraubt wurde.

50 (III, 16) Una bibamus!
Laßt uns einen trinken!

51 (III, 12) In sterquilino pullus gallinaceus, dum quaerit escam, margaritam repperit:
Auf einem Misthaufen hat ein Junges von der Henne, während es Futter suchte, eine Margarite abgebrochen.

Caesar

52 ... aequum fere spatium ...: ... *eine fast gleichförmige Schaufel ...*

53 (B.G., VII, 50, 5) Simul in medios hostes irrupit duobusque interfectis reliquos a porta paulum submovit:
Gleichzeitig stürzte er sich mitten in die Feinde und kam zwei Toten, die am Tor zurückgeblieben waren, ein bißchen zu Hilfe.

54 ... quaque (via) rates ierant:
a) ... und diesen Weg gingen sie auf Raten.
b) ... und deshalb gingen die Rates auf der Straße.

55 (B.C. I, 41) Caesar cum equitibus nongentis, quos sibi praesidio reliquerat, in castra pervenit:
Cäsar kam mit geschlechtslosen Reitern...

56 Caesar castra vallo muniri vetuit, quod procul videri necesse erat:
..., weil es dem Prokul als notwendig erschien.

57 (B.C. III,106) In his legionibus erant hominum tria milia ducenti:
In diesen Legionen gab es 3000 führende Männer.

58 (B.G. VII, 70) ... compluribus equis captis ...:
... nachdem mehrere Pferde enthauptet worden waren ...

59 (B.G. IV, 25) ..., nisi vultis aquilam hostibus prodere:
..., wenn ihr nicht wollt, daß der Adler es den Feinden verrät.

60 *(B.C. III, 9) Eine Stadt wird mit allen Mitteln verteidigt:*
... praesectis omnium mulierum crinibus tormenta effecerunt:
a) ... und machten aus dem zusammengedrehten Haar aller Frauen Zöpfe.
b) ... und gaben einer jeden alten Frau mit grauem Haar Erde zum Werfen.

61 (B.G. VI, 39) ..., quas legiones discessisse ex captivis cognoverant:
... sie hatten aber erkannt, daß diese aus den Gefängnissen weggegangen sind.

Ovidius

62 (Met. V, 659 f.) Conantem figere pectus lynca Ceres fecit:
a) Ceres ließ durch Luchse das singende Herz erschüttern.
b) Ceres machte, daß der Zögernde die Brust mit dem Luchs verwechsle.

63 (Met. I, 502 f.) ... , fugit ocior aura illa levi:
... , jene floh schneller als die Luft leicht ist.

64 (Met. V, 345) Certe dea carmine digna est:
Sicher ist die Göttin aus würdigem Fleisch.

65 (Trist. IV, 10) Ovid über seinen Bruder:
... , qui tribus ante quater mensibus ortus erat:
... , der von einem aus drei Tischen hervorkam.

66 (Ars am. III, 323) Tuo cantu: *zwei Sänger*

67 (Ars am. III, 65) Cito pede labitur aetas:
Cito gleitet durch den Fuß der Zeit.

68 (Met. V, 649) (Triptolemus) Scythicas advertitur oras:
Er wandte den Skythen seine Ohren zu.

69 (Met. I, 508 f.) *Apoll ruft besorgt der fliehenden Daphne nach:*
... Ne prona cadas, indignave laedi crura notent sentes:
a) Falle nicht durch das nach vorne geneigte Bein, unwürdig des Schmerzes, in die Dornsträucher!
b) ... die Dornsträucher sind bekannt durch das unwürdige Stechen.

70 (Met. I, 491) *Apoll verliebt sich in Daphne und hofft auf Gegenliebe:*
Quodque cupit, sperat suaque illum oracula fallunt:
Und weil er es begehrt, hofft sie, daß ihre Küsse ihn täuschen mögen.

71 (Met. I, 503) *Daphne flieht vor Apoll:*
neque ad haec revocantis verba restitit:
und stellte sich nicht zu diesen Worten dessen, der sie zurückrief, hin.

72 (Met. V, 344) Hymnus an Ceres: Illa canenda mihi est:
Wenn sie singt, gehört sie mir.

73 (Ars am. III, 325 f.) *Der Sänger Arion wird von einem Delphin gerettet:*

Quamvis mutus erat, voci favisse putatur piscis:

Obwohl er stumm war, vermochte er durch seine Stimme, daß er für einen Fisch gehalten wurde.

Sallustius

74 (Iug. 65, 1) ..., morbis confectus et ob eam causam mente paulum inminuta:
..., als er an einer Krankheit zugrunde ging und deswegen sein Verstand ein wenig vermindert war.

75 Si..., imperium Numidiae sine mora habiturum:
Wenn ..., werde er das Reich des Numidiers ohne Verstand bewohnen.

76 (Cat. 58, 13) *Catilina an seine Soldaten vor der Entscheidungsschlacht:*
Licuit vobis cum summa turpitudine in exilio aetatem agere:
Es soll euch erlaubt sein, mit höchster Schande das Zeitalter in den Ausgang zu treiben.

77 (Iug. 31,25) Domi militiaeque res publica venalis fuit:
Der Staat ist Gift für das Haus und das Militär.

Illustration zur richtigen Übersetzung:
(Iug. 31, 25) Domi militiaeque res publica venalis fuit:
Zu Hause und draußen im Feld war der Staat käuflich.

78 (Iug. 13, 7) ... ubi ...magna munera misere, ...:
... sobald sie die großen Mauern bejammerten.

Cicero

79 (In Cat. 1,1) Est mihi iucunda ... vestra erga me voluntas, sed eam, per deos immortales, deponite:
Angenehm ist mir eure Zuneigung, aber gebt diese bei den unsterblichen Göttern auf!

Plinius

80 (ep. I, 6) Apros tres et quidem pulcherrimos cepi:
Ich fing drei, und gewissermaßen sehr hübsche Eber.

81 (ep. III, 5) Pergratum mihi est, quod tam diligenter libros avunculi mei lectitas:
Ich bin dankbar, weil du so gewissenhaft die Kinder meines Onkels sammelst.

82 (ep. 3, 16) (pugionem) porrigere marito:
... den Gatten aufzurichten.

83 (ep. 3,16) ... perfodere pectus: ... die Brust herausstrecken

Petronius

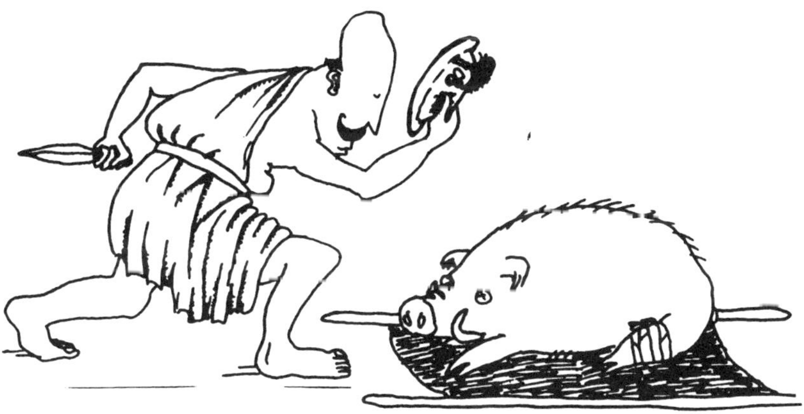

84 (Sat. 40, 5) ... stricto venatorio cultro latus apri ... percussit:
..., nachdem er seinen Jagdhut gezogen hatte, durchstieß er mit dem Messer die Seite des Wildschweins.

85 (Sat. 67) Fortunata rauft mit Scintilla:
... aberrante tunica super genua:
... die Tunica über ihr Geschlecht ziehend.

Horatius

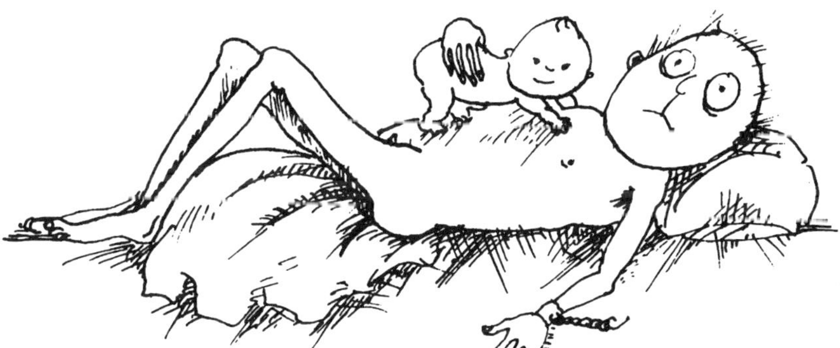

86 (sat. 1, 6, 45) Nunc ad me redeo libertino patre natum:
... geboren von einem freigelassenen Vater.

87 (sat. 2, 5 , 6 f.) *So wird Odysseus die Verhältnisse an seinem Königshof vorfinden, wo seine Frau Penelope von den Freiern bedrängt wird, einen von ihnen zu heiraten:*
... nec illic aut apotheca procis intacta est aut pecus:
... und dort ist weder das Weinlager noch die Brust von den Freiern unberührt.

88 (ep. 1, 7, 82 f.) Ne ... te ultra quam satis est morer, ...:
Damit ich dich nicht mehr als genug töte.

Kommentar und richtige Übersetzung

Zu vielen Stilblüten ist nur die richtige Übersetzung angegeben. Wer aber aus den Fehlern lernen will, muß überall so vorgehen, wie der Kommentar es zeigt.

1 mare, -is n. - Meer, Pl. maria; ingens,-ntis - riesig, gewaltig; aber: integer, -ra, -rum - unberührt, unbescholten, anständig; siti etc. - falscher Kasus!
also: Er irrte durch riesige Meere, oft wurde er von schrecklichem Durst und heftigem Hunger gequält.

2 pater, -ris - Vater; aber: patria, -ae - Vaterland, Heimat; mortuus,-a,-um - tot, gestorben
also: ... damit er dort den toten Vater sehe/ um dort ... zu sehen.

3 porta, -ae - die Tür; aber: portus, -us m. - der Hafen
also: Du segelst im Hafen. (lat. Sprichwort)

4 feminis - Dativ!
also: Manche Frauen besitzen Edelsteine.

5 iste, ista, istud - der da, dieser dein, dieser euer, ...
also: Ich habe diese Frau da in meinem Garten gesehen.

6 mercator, -oris - Kaufmann: Kasus!
also: Merkur ist auch der Gott der Kaufleute.

7 Du sollst den Kurs deines Schiffes fern von der Insel der Sirenen halten!

8 aus Furcht vor diesen

9 Die Frau ging weg.

10 die Mutter, von Sorgen bewegt

11 Wenn du deinen Bauch mit allzu vielen Speisen vollstopfst, ermüdest du deinen Geist.

12 Es ist offensichtlich, daß du einem wütenden Hund gleichst (ähnlich bist).

13 Der Künstler wird die Bilder ausstellen.

14 Beachte die Übersetzung des Futur II: mit Präsens, Perfekt, gelegentlich auch mit Futur I. Das Sprachgefühl entscheidet. quoque ist nachgestellt, gehört also zu taurum; sepulcrum - das Grab; aber: sacerdos, -otis - Priester, Priesterin; suadere, suadeo, suasi, suasum - raten
also: Wenn wir erfolgreich gekämpft haben, werden wir den Göttern auch einen Stier schlachten/opfern.

15 lex, -gis f. - Gesetz; aber: englisch leg - Bein; divinus, -a, -um - göttlich; aber: divisus, -a, -um - geteilt
also: das göttliche Gesetz

16 Eine Mutter ermahnte vor 200 oder 600 Jahren ihre Kinder, daß ...

17 Jener bedeckte schweigend mit den Händen seine Augen.

18 Die Feinde werden den Krieg beilegen/beenden.

19 In der Tat sahen sie Diogenes, mittags eine Laterne (in der Hand) tragen (wörtlich: halten).

20 Der Sklave Androklus erwartete im Amphitheater einen wilden Löwen.

21 Dieser Löwe wurde nach Rom gebracht, um Verbrecher zu töten (wörtlich: den Tod zu bereiten).

22 Ödipus gelangte als fremdes Kind nach Korinth, weil seine Eltern ihn aus dem Hause entfernt hatten.

23 Sofort befahl der alte Mann mit lauter Stimme ...

24 ... der alte Mann kam durch die harten Schläge des jungen Mannes um.

25 So tötete Ödipus, ohne es zu wissen, seinen Vater.

26 a) brevi (tempore) - in kurzer Zeit, bald; idem - derselbe; aber: ille - jener; promere - hervorholen; aber: consumere - verbrauchen
b) coquus, -i - Koch (Kasus!); venter, -ris - Bauch, Magen; aber: ventus, -i - Wind; idem - derselbe; aber: quidam - ein gewisser
also: Doch bald holten die Köche des Tyrannen aus dem Bauch eines gefangenen Fisches eben diesen Ring heraus.

27 affigere - anheften, befestigen an ; aber: affligere - zu Boden schlagen, niederschlagen; praebere - darreichen, gewähren: Form! Beziehung! lex, legis - Gesetz; aber: englisch leg - Bein
also: Bald darauf ließ er Prometheus an einen Felsen des Kaukasus schmieden (wörtlich: er befestigte), weil er, den Menschen das Feuer verschaffend (darreichend), das göttliche Gesetz verletzt hatte.

28 nasci, nascor, natus sum - geboren werden, entstehen;
aber: natare - schwimmen
also: Jesus wurde in Bethlehem geboren.

29 Er stand auf seines Daches Zinnen: Jeder weiß, daß das Glück den Polykrates mehr als die übrigen begünstigt hat. Darin stimmen wir überein, daß er auf Samos der Reichste war. Der Tyrann, der selbst sein Glück für zu groß hielt, dachte schaudernd an den Neid der Götter. Deshalb warf er einen kostbaren Ring ins Meer und flehte den Gott Neptun an, das Geschenk gnädig anzunehmen. Aber Neptun war über dieses Geschenk mehr unwillig als erfreut. Innerhalb weniger Tage gab er jenen Ring durch einen Fischer wieder zurück. Dieser hattte im Bauch eines Fisches, den er dem Tyrannen schenken wollte, jenen Ring gefunden. Da klagte Polykrates: „Ich Unglücklicher! Die Feinde werden mich nicht schonen, weil die Götter mich wirklich hassen."

30 Einst geschah es ...

31 Viele Dichter sind (erst) nach ihrem Tod berühmt geworden.

32 Als letzter wachte der Vater auf.

33 me duce: abl. abs.!
also: Die Nachhut unter meiner Führung kam durch die Berge Armeniens wegen Schneefalls kaum voran.

34 ... weil Schnee fiel/ wegen Schneefalls (abl. abs.!)

35 Wir wollen diesen Windbeutel (allein) zurücklassen und (auf dem Kapitol) den unsterblichen Göttern danken ...!

36 Sie warteten auf günstigen Wind.

37 Der König aber bekräftigte mit einem Eid ...

38 Als Herakles herangewachsen war, mußte er viele Jahre der Knechtschaft erdulden (wörtlich: erduldete er).

39 ... auch pflegte er sich von den anderen abzusondern und sich unter dem Bett zu verstecken.

40 In dieser Zeit hütete Europa, die Tochter des Königs, die Herde des abwesenden Vaters.

41 Als aber Europa mutig (von Mut bewegt) auf den Rücken des gutmütigen Stiers gesprungen war, erhob sich jener plötzlich und ...

42 ... und eilte zum nahen Meer.

43 venter, -tris m. - Bauch, Magen. Der Satz stammt aus einer indirekten Rede (oratio obliqua). Der Konjunktiv im Hauptsatz der indirekten Rede drückt eine Aufforderung, einen Wunsch, ein Begehren aus.
also: Alle Körperteile sollten dem Magen ihren Dienst verweigern!

44 os, oris n. - Mund, Gesicht; aber: os, ossis n. - der Knochen also: Nachdem dieser Entschluß gefaßt war, brachten weder die Hände die Nahrung zum Mund noch nahm der Mund die Speise an, die ihm gegeben wurde. (Ist der Satz eigentlich logisch?)

45 cum identicum mit Indikativ - indem, dadurch daß;
aber: weil - cum mit Konjunktiv
also: Dadurch daß Alexander persische Kleidung anlegte, erregte er den Zorn der Makedonen.

46 Bekanntlich fiel Sizilien von den Römern ab.

47 Catilina schickte zwei römische Ritter, Cicero zu töten.

48 Mercurialis begann, mit Feuer einen Baumstamm auszuhöhlen (wörtlich: auszubrennen).

49 Es ist überliefert, die Hunde trinken aus dem (wörtlich: im) Nil im Laufen, damit sie nicht von Krokdilen erfaßt werden.

50 Wir wollen zusammen trinken!

51 Auf einem Misthaufen fand ein Hühnchen, während es Futter suchte, eine Perle.

52 eine fast gleich weite Strecke.

53 Gleichzeitig warf er sich mitten in die Feinde (wörtlich: brach ein, drang ein), tötete zwei und drängte (wörtlich: entfernte) die übrigen ein wenig vom Tor weg.

54 ... und wo die Flöße gefahren waren ...

55 gens, -ntis f. - Volksstamm, Geschlecht: Das Wort hat nichts zu tun mit dem Zahlwort nongenti, -ae, -a - 900 (-cent-, -gent-: Kennzeichen der Hunderterzahlen!)
also: Cäsar gelangte mit 900 Reitern, die er zu seinem Schutz behalten hatte, ins Lager.

56 Cäsar verbot, das Lager mit einem Wall zu umgeben, weil dieser unvermeidlich von weitem gesehen würde.

57 In diesen Legionen waren (noch) 3200 Mann.

58 Nachdem mehrere Pferde gefangen/ erbeutet worden waren ...

59 ..., wenn ihr den Legionsadler nicht den Feinden preisgeben wollt ...

60 a) praesecare, -seco, -secui, -sectum - (vorne) abschneiden; aus dem Haar drehte man die Sehnen für die Wurfmaschinen (z. B. Katapulte).
b) reine Phantasie
also: Nachdem die Haare aller Frauen abgeschnitten waren, stellten sie Wurfmaschinen her.

61 ... Legionen, die, wie sie von Kriegsgefangenen erfahren hatten, abmarschiert waren.

62 canere, cano, cecini, (cantatum) - singen; cunctari - zögern; aber: conari - versuchen; (trans)figere - durchbohren
also: Als er die Brust (des Triptolemos) zu durchbohren versuchte, machte ihn Ceres zu einem Luchs/ verwandelte ihn C. in einen Luchs.

63 aura levi: ablativus comparationis (des Vergleichs)!
also: jene flog schneller als die leichte Luft.

64 Sicher ist die Göttin eines Liedes würdig.

65 ... der viermal drei Monate früher geboren war.

66 ... durch deinen Gesang ...

67 Rasch (wörtlich: mit schnellem Fuß) verrinnt die Zeit.

68 Er wendet sich/ wandte sich dem Gebiet der Skythen zu.

69 Falle nicht (nach vorne), und die Dornensträucher sollen nicht deine Beine ritzen, die es nicht verdienen, verletzt zu werden.

70 ... und was er begehrt, erhofft er, und es täuschen ihn die eigenen Orakel (Apoll ist der Gott der Weissagekunst).

71 ... und sie hält nicht inne (im Lauf) bei diesen Worten Apolls, der sie zurückruft.

72 Jene will (eigentlich : muß) ich besingen.

73 Obwohl der Fisch stumm war, war er, so glaubt man, der Stimme (Arions) gewogen.

74 ... von Krankheiten geschwächt und deshalb ein wenig schwachsinnig

75 Wenn ..., werde er sofort die Herrschaft über Numidien haben.

76 Es wäre euch möglich gewesen, in größter Schande im Exil euer Leben zu verbringen.

77 Zu Hause und draußen im Feld war der Staat käuflich.

78 ... sobald sie große Geschenke geschickt hatten ...

79 ... gebt diese, bei den unsterblichen Göttern, auf! (Im Deutschen sind Kommas wichtig!)

80 Ich fing drei Eber, und zwar sehr stattliche.

81 Ich freue mich sehr (wörtlich: es ist mir sehr angenehm), daß du so sorgfältig die Bücher meines Onkels liest.

82 ... reichte (den Dolch) dem Gatten hin.

83 ... (den Dolch) sich in die Brust zu stoßen.

84 ... und er zog das Jagdmesser und durchstieß die Seite des Wildschweins

85 ... wobei ihr die Tunika über die Knie hochrutschte.

86 Jetzt komme ich wieder auf mich zu sprechen (wörtlich: kehre ich zu mir zurück), den Sohn eines Freigelassenen.

87 Und dort ist weder das Weinlager noch das Vieh von den Freiern verschont geblieben.

88 ..., um dich nicht zu sehr (mehr als genug) aufzuhalten.

Anhang

89 (Martialis 1, 10): Petit Gemellus: kleiner Gemellus

90 (Seneca, dial. 12, 17, 4): Iacta sunt disciplinarum omnium fundamenta:
Die Fundamente aller Unterrichtsanstalten sind erschüttert worden.

Kommentar und richtige Übersetzung

89 Schwierig, wenn man mehrere Sprachen „beherrscht”:
„petit” von lateinisch „petere” oder französisch „petit”?
also: Gemellus erstrebt ...

90 Gelegt sind die Grundlagen für alle Wissenschaften.

Rudolf Spann Verlag, Herrsching

Auslieferung durch: ANTIKE ZUM BE-GREIFEN
Dr. Gabriele Nick • Niddastraße 7 • 65239 Hochheim
www.antike-zum-begreifen.de • nick@antike-zum-begreifen.de

R. Spann
Die Jugend ist eine mühsame Einrichtung
Stilblüten aus Latein- und Geschichtsaufgaben
ISBN 3-929280-24-8

W. Baier/R. Spann
Wir können alle etwas Latein
ISBN 3-929280-09-4

H. Lobentanzer/R. Spann
Was hat die Lokomotive mit der Couch zu tun?
ISBN 3-929280-12-4

H. Doerr, G. Ott, R. Spann
Calendarium Romanum, 3. Aufl.
ISBN 3-929280-14-0

G. E. Thüry/J. Walter
Condimenta, 4. unveränd. Aufl.
ISBN 3-929280-15-9

E. Nerl
Den alten Römern in den Kochtopf geschaut, 4. Aufl.
ISBN 3-929280-21-3

M. von Albrecht
De Simia Heidelbergensi
ISBN 3-929280-23-X

Helmut Oberst
Chartulae Latinae
Satz von 12 Klappkarten

Die besondere Postkarte
Satz von 8 Karten aus „Armes Latein“

„Muss ich Vokabeln lernen?“ Ein lustiger Test. Postkarte

T-Shirt "LATINE LOQVAMVR"